Portrait de Paul Fort par Suzanne Tourte (1944)

© **Roland Marx et Éditions du Petit Pavé 2008**
Éditions du Petit Pavé
BP 17 - Brissac-Quincé
49320 Saint-Jean des Mauvrets
www.petitpave.fr

Illustration de couverture : **Phil Umbdenstock**

ISBN : 978-2-84712-188-9

Roland Marx

MÊME AU RANG D'HOMME

Prix de Poésie Paul Fort 2008

de l'association « Les Poètes du Dimanche »
et de la ville d'Andrésy (78)

Éditions du Petit Pavé

DU MÊME AUTEUR

ESCARPE   plaquette   SPAF   1971 (épuisée)
ESCARPE   recueil   P.-J. OSWALD   1973 (épuisé)
L'ICÔNE   plaquette   SPAF   1995 (épuisée)
DES DIX CASSES   recueil LA BARTAVELLE 1996 (épuisé)
CRISE EN THÈMES   recueil   LA BARTAVELLE   1998
                                        2° tirage   1999
LES CHANSONS DU VAIN   recueil LA BARTAVELLE   2000
LA VIE LAVIS   plaquette LES CAHIERS DU RHIN
                      Prix de l'Édition 2000 (épuisée)
DÉRIVE DES RIVES   plaquette   FLAMMES VIVES
                      Prix de l'Édition 2000
VIE DES HAUTS   recueil   LA BARTAVELLE   2002
CE LOIN   recueil   BUCDOM Edition   2002
MÈCHE EN SONS   recueil de chansons EDITINTER   2003
ABÉCÉDAIRE DES ÉMOTIONS   recueil   2003
          Les Poètes de l'Amitié   Prix de l'Édition   2002
J'AI RENCONTRÉ *la* POÉSIE propos sur Léo FERRÉ
                      recueillis par Bernard   Jurth
                Éditions du PETIT VÉHICULE 2003
ROUTINE   recueil   Les Poètes du Dimanche
                Prix d'Édition Paul Fort   2004
L'ÉCOIN   recueil   FLAMMES VIVES · 2005
                Prix d'édition Jean Aubert 2004
AU BOIS CHARMANT recueil collectif
                      La petite maison de poésie
                Prix de poésie pour la jeunesse 2004
                organisé par le Ministère de la Jeunesse
VU D'ICI   recueil illustré LE PETIT PAVÉ   2005
LE CORPS EN FILIGRANE
      quatorze textes pour le portfolio de l'exposition de photos
                      de Philippe Colignon
                (Musée de Saint-Dié des Vosges) 2006
RÊVE ERRANCE recueil illustré FLAMMES VIVES 2007
CHAT-PITRERIES recueil illustré LE PETIT PAVÉ 2007

MÊME AU RANG D'HOMME

Poèmes

SOURCE

Quand la Mort eut disséminé
la ruine et le deuil sur l'Alsace,
un matin d'hiver, je suis né
entre l'étoile et la rosace ;
étoile jaune du mépris,
rosace de la cathédrale.

De lire, enfant, les noms inscrits
par la haine, dans sa spirale,
sur tant de monuments aux morts,
vous laisse à l'âme des stigmates.

Et j'ai joué dans ces décors
de barbelés, de casemates
et dans le local dévasté
de l'imprimerie de grand-père
dont le coeur n'a pas résisté
aux ignominies de la guerre.

Gutenberg, dont on a caché
le bronze sous les sacs de sable,
n'a pas, dans son ombre, arraché
son émule à l'inexorable.

Dans quelque faubourg sans attraits,
près d'entrepôts en déshérence,
à la terrasse prend le frais
le fantôme de mon enfance.

Et j'ai croisé, sur les versants
des Vosges, tant de croix, de tombes,
que mes jeudis adolescents
ont des relents de catacombes.

Je traîne des fatras touffus
d'aïeux absents et de décombres,
de mots tabous, d'effrois diffus...

Je suis issu d'un peuple d'ombres

CARTES POSTALES

Des cieux éblouissants et des ciels faïencés
délayent leurs pastels aux reflets aquarelles ;
le tulle des stratus gaine les fiancés
et jette une ombre douce au tracé des marelles.

L'écorce malmenée, en vain, pleure au noroît :
les cognées et les scies, pareillement tripières,
ont l'appétit de l'ogre et du loup le sang-froid.
Lors la fibre et la chair peuvent se rêver pierres.

Les clameurs abîmées dans les relents d'alcool
voilent quelque virus qui va courant la lymphe ;
les verres sur le zinc dégoisent du faux-col
la bouteille en plastique où s'abreuve la nymphe.

Le poumon des volcans sulfate sans répit
les yeux morts ou crevés de vétustes usines
figeant en pleurs plâtreux leurs larmes de crépi
dans le regard fielleux de longues limousines.

Le petit jour saignant d'un automne assassin
bouscule le cheptel des feuilles rabougries
jusqu'aux abords moussus d'un antique bassin
lacérant le reflet de statues amaigries.

Des arcades de buis, de marbre et de béton
galopent dans la ville atteinte d'asphyxie
cependant qu'un clown las parle au dernier piéton
de chemins buissonniers courant la galaxie.

ÉCRIRE

Ecrire, pendant qu'à l'usine
on trime, on débraye, on subit,
que l'actionnaire emmagasine,
sans état d'âme son grisbi ?

Ecrire, alors que dans la rue
certains dorment sur le trottoir,
que le racisme tonitrue
dans les palabres de comptoir ?

Ecrire, alors que la famine
décime tout un continent ?
Ecrire, quand on extermine
au nom d'un dieu discriminant ?

Ecrire, à l'heure du pillage
- hommes, animaux, végétaux -
un temps d'économie sauvage,
générant misère et ghettos ?

Ecrire, face à ce saccage ?

Sans faillir et sans transiger,
écrire pour le fustiger.

BOUSSOLE

Des terrils écrasant les cités de leurs suies,
l'horizon flou qu'épingle un canal au ciel bas,
des regrets de jusant sur les pavés, en pluies :
de lourds soupirs salins au Nord tiennent débats.

Des hameaux assiégés de couleurs vaticanes
où l'ombre d'un platane écrase le présent,
où le lierre est couronne au front des barbacanes :
l'été sur la Provence, à l'aube, pavoisant.

Des vendanges de morts et de grappes ambrées,
entre Moselle et Rhin, entre mémoire et peur,
des ruines, des forêts, de spectres encombrées :
l'Histoire, à l'Est, conjugue opulence et torpeur.

À l'aplomb du ressac, les genêts en prière,
un rêve d'Amérique au bois noir du ponton,
l'Ankou, sous les embruns, piétinant la bruyère,
l'oeil du phare pleurant quelque trois-mâts breton :

Quatre points cardinaux pour une Ile-de-France.

ALORS DIEU...

Alors Dieu, comme ça, tu as des succursales
et des adorateurs dans chaque continent ?

Des autels somptueux jusqu'aux arrière-salles,
de l'absolu monarque au plus simple manant,
on chante ta grandeur, ta gloire et ta clémence,
à La Mecque, à Lhassa, Rome ou Jérusalem.

Mais hors du temple, hélas, tu redeviens totem
et les bons sentiments se muent en véhémence.
Par amour du prochain et de tous tes saints noms,
on torture, on lapide, on profane des tombes,
on humilie la femme, on bénit des canons,
on déporte, on massacre et l'on pose des bombes.

De croisade en ghetto, de pogrom en charnier,
combien de sang versé depuis des millénaires ?
Car l'innocente foi qu'on prête au charbonnier
ne saurait surpasser celle des doctrinaires.

Alors *vade retro* ! ton « souverain poncif »
a causé trop de morts. Le diable est moins nocif.

EXOTISME

Ecoute : dans le noir, la fontaine sanglote
et meurt en gargouillis dans le bassin de grès ;
la nuit marque son pouls des cris de la hulotte.

Vois : le peuple ondulant des sapins tient congrès
sous l'oeil interloqué d'une lune chagrine
jalouse d'une étoile aux longs cils argentés

Respire ces odeurs d'humus et de résine
et les fauves relents dont les bois sont hantés.

Manquent à ce décor les bienheureux auspices
de corolles diaprées, de tam-tam ancestraux,
un alizé portant mille parfums d'épices

pour oublier ta jungle urbaine et ses métros

EN QUEL SIÈCLE...

En quel siècle étions-nous, et sur quelle planète,
quand on dressa des murs sur les quatre horizons ?

La mer, au quotidien, noyait quelque Fanette

Un despote de plus remplissait les prisons

Sous les flashs minaudait l'ultime midinette

La Bible se vendait sous reliure en vison
et la démocratie au moindre proxénète

L'Afrique se gavait de clones de bison

On cherchait le Messie, au soir, à la lunette

Washington ourdissait de proches trahisons

Les loups se racontaient un temps de « bobinette »
en mâchant leur sandwich de viande des Grisons

Le Kremlin devenait usine à savonnettes
les déserts surpeuplés, villes de garnisons

Dans les grands restaurants et dans les kitchenettes
le Grand Soir mijotait sur un lit de tisons

En quel siècle étions-nous, et vers quelles planètes
s'élançaient sans répit, de tous les horizons,
ces flottes de fusées bondées de marionnettes ?

Dans l'entre-deux des jours aux pâleurs de falaise
s'abreuver les quinquets d'étoiles en troupeau ;
le vent coulis, figeant les traces dans la glaise,
nous murmure l'ailleurs et nous tanne la peau.

ATTAQUE AÉRIENNE

On s'agite autour du standard...

obstinément l'alarme miaule...

devant les écrans de radar
et l'ordinateur de contrôle,
tous les visages sont figés,
le front soucieux, le regard fixe...

« Là, nous allons être obligés
de l'abattre » annonce, prolixe
et résolu, le Général
responsable de la Défense.

« Ordre à tout le réseau central :
il faut répondre à cette offense...
finies les tergiversations
nous n'avons pas eu de réponse
à nos dernières sommations ;
armez les missiles ; on fonce !
Tenez-vous prêts... à mon signal...
Feu !!! Envoyez tout l'arsenal... »

Dans le hurlement des sirènes,
à l'apogée des gratte-ciel,
explosent le traîneau, les rennes
et le corps du Père Noël...

SERVICES D'URGENCE

Les chaudronniers de la mémoire
les cartographes des malheurs
les éboueurs de fond d'armoire
les infirmières pour scrabbleurs

Les fossoyeurs du mal de vivre
les équarrisseurs de chagrins
dentellières des jours de givre
orfèvres des antres marins

Les plombiers-zingueurs de lagune
les éclusiers de châteauneuf
les pâtissiers des clairs de lune
les opticiens de l'oeil-de-boeuf

Déménageurs de primevères
cyclistes du tour d'horizon
ou ramoneurs de derniers vers
      Passez me voir à la maison !

Tendeurs de chaînes de montagne
brocanteurs d'altocumulus
cireurs de bulles de champagne
    Travaillez plus pour gagner plus !

DANS

dans la guipure des collines
la blancheur muette des os
le lamento des mandolines
et dans le partage des eaux

dans un envol de libellules
dans les menstrues d'un soir d'été
dans l'affolement des cellules
dans la ferveur ou l'impiété

dans le regard triste d'un gosse
dans le lit tiède des amants
dans la gamelle du molosse
dans les dunes ou les sarments

les lourds avions ont, de leurs bombes,
ensemencé le sol de tombes...

BRUMAIRE

Un matin de septembre enjuponné de brume
traînait son corps malingre et ses bras décharnés ;
son coeur agonisant, aux battements d'enclume,
tachait d'un sang mauvais les bourgs désincarnés ;
son râle insinuait jusqu'au-dessous des portes
les affres de la peur dans le cri du Horla.

Puis le ciel inhuma la gent des feuilles mortes
sous un linceul de neige.

Et l'hiver était là.

EST-CE...

Est-ce la lueur jaunissant
le ciel lourd qui se désagrège
en lourds et lents flocons, tissant
un immense linceul de neige ?
Est-ce le vent d'est malmenant
les arbres nus, les herbes rouille
et le ballet tourbillonnant
des feuilles mortes en vadrouille ?

Est-ce, de notre humanité,
le sempiternel amalgame
de détresse et d'atrocité
qui me blesse le coeur et l'âme ?

Est-ce, à côté d'un pendentif,
parmi les bijoux de famille,
l'étoile jaune et le mot JUIF
dont la vue soudain me dessille ?

Est-ce, au milieu d'un grand fouillis
d'objets dans le fond d'une armoire,
cet album de clichés vieillis ?

Ce soir j'ai mal à la mémoire...

Moi qui n'ai croyance ni dieu,
une douleur inassouvie
me lègue le deuil de ce lieu
qu'est le ghetto de Varsovie.

HORIZONS

Au loin la neige chantillise
des lichens et des rochers las ;
au près le marbre évangélise
la vigne où couvent des miellats
à quelques pas de nos errances.

Au loin le mistral mène bal
entre lavandes et garances ;
au près le grouillement tribal
émerge des nuits citadines.

Au loin les dunes burgaudines
entre derricks et narguilés ;
au près la clairière penaude
que nimbe un brouillard entêté
à deux pas de mers émeraude.

Au loin du vouloir apprêté,
auprès de désirs en maraude,
à deux doigts de le regretter.

NUITÉE

Soleil couchant dans le rétro
qui carbonise la colline

Svelte monture au petit trot
dans une brume d'opaline

Glaces fatiguées du bistrot
aux nostalgies de zibeline

Vague à l'âme du maestro
lorsque se tait la mandoline

Entrailles fauves du métro
lâchant leur plainte sibylline

Tristes effets de vespétro
dont la Terre se ripoline

Futurs bricolés in vitro
sentant déjà la naphtaline

Siècle d'attente, heures en trop
au jour pareil, l'amour décline

ATTENTE

Les jours qui n'en finissent pas
et les nuits plus longues encore,
entre deux semblants de repas,
entre l'insomnie et l'aurore.

Aux quatre horizons, l'océan
et son battement inlassable ;
plus loin le cadavre béant
d'un vaisseau couché sur le sable.

Quelques feulements animaux
sous le ciel de cristal liquide ;
des cris d'oiseaux dans les rameaux
et pas un seul humanoïde.

Une pirogue, un cabanon,
la solitude et le silence
au point d'en oublier mon nom...

Robinson Crusoë...
                    je pense...

LORRAINE

Au soleil des Ballons, au sombre des vallées,
l'eau ne fait plus ronfler ni forges ni moulins.
Maisons à l'abandon, familles en allées,
usines délabrées et grands prés orphelins
de la toile à blanchir, où pousse la jonquille.

De bois serrés et noirs, d'épicéas géants
couverte jusqu'au col, la montagne écarquille
ses lacs profonds et froids, sur l'inconnu béants.

Lorraine de l'acier, des Poilus, des tranchées,
Terre de Jeanne d'Arc et des mineurs de fond,
ta glèbe colle aux pas des douleurs épanchées,
les granits de l'Histoire et l'oubli te défont.

FESTIVITÉS

La pluie taillade à lames fines,
dans le faisceau des projecteurs
et le cri muet des vitrines,
la statue des Libérateurs.

Leur bronze patiné s'agace
au rythme obstiné des sapins
que Noël exhibe à la face
de quelques anges galopins.

Au carrefour, imperturbable,
métronome un oeil orangé ;
la chaussée chuinte un misérable
magma de neige passager.

Dans le bistrot de la venelle,
les branches de gui et de houx
brassent les odeurs de cannelle,
de pains d'épices et de choux.

Dans les foyers, on s'agglutine
autour des cadeaux emballés
dans la frénésie enfantine ;

sur l'écran muet des télés
on meurt toujours en Palestine.

SENS

Sentir les doigts du vent lorsque le jour décline
caresser le lilas, la rose et le jasmin
Voir la première étoile au front de la colline
et les ombres s'éteindre aux contours du chemin

Goûter la mirabelle aux joues de rose tendre,
le cassis et la mûre ou la fraise des bois
Dans un bris de rameaux, un frôlement, entendre
la fuite d'un chevreuil, et ses curieux abois
ou le brême du cerf, guttural, emphatique,
monté du fond des temps en écho pathétique

Voir les frissons du lac, sitôt que le jour point,
l'envol des échassiers vers l'horizon d'albâtre
Écouter le grillon, la nuit, de loin en loin,
striduler son appel sur les pierres de l'âtre

Regarder l'arc-en-ciel nimbant le déversoir
quand la roue du haut-fer s'accouple à la rivière

Sentir l'exhalaison s'élevant du pressoir,
des foudres encavés et des tonneaux de bière.

Voir une brume d'or sur les épis fauchés
Cueillir le champignon, la framboise et l'airelle
Toucher mousse et lichens sur les troncs, les rochers
Entendre le hibou, le pic, la tourterelle

Goûter, toucher, sentir, entendre ce futile
éventail de plaisirs que chaque jour distille

ÉTINCELLE

Le miroir du ciel s'est brisé
dans l'océan soudain posthume
postillonnant dans l'alizé
des milliards de gerbes d'écume

dans un vacarme assourdissant
le grand champignon nucléaire
allume un jour éblouissant
aux quatre horizons de la Terre

alors du vide ahurissant
aussi terrible qu'elle est seule
monte la voix du Tout-Puissant :
« Ça, c'est bien fait pour votre gueule ! »

LENDEMAIN

Lendemain de fête morose

Le givre a recouvert les toits
et les grands squelettes pantois
des arbres que l'hiver sclérose

Un sursaut de bise matois
délivre l'étang de sa brume

La gouttière a figé son rhume
en stalactites de cristal

La lune d'un rasoir fatal
du jour pâlot coupe le souffle

L'horizon trouble s'emmitoufle
d'une longue écharpe d'étain

Etrange prunelle mouvante
un corbeau dans le ciel éteint
colporte ses cris d'épouvante

Aux franges du sous-bois meurtri
un espoir hâve déambule
de printemps perdu refleuri

Aux gifles du vent funambule
ondulent soumis les roseaux

Sur un calvaire de grès rose
un épervier scrute les eaux
et les cieux orphelins d'oiseaux

Lendemain de fête morose

MUSIQUE !

préférer les champs de lavande
aux cris de guerre, aux champs d'honneur
et les gavottes sur la lande
et le carillon du sonneur

s'émouvoir plus devant les vignes,
les moissons, la beauté des corps
qu'égrèner des regrets insignes
devant les monuments aux morts

loin de nous l'odeur de la poudre
et les roulements de tambour ;
que l'avenir nous veuille absoudre
de ne glorifier que l'amour

champs de manoeuvre ou de bataille
trop longtemps irrigués de sangs
- il n'est que chant de paix qui m'aille -
sonnez de fraternels accents

chants d'oiseaux, refrains de sirènes
plutôt que lugubre tocsin ;
sur la fanfare des arènes
que tinte clair le clavecin

fable, comptine et chanson douce,
violon tzigane, accordéon ;
au coeur des blés et sur la mousse
vienne parader l'orphéon

qu'on range au musée cet automne
les trompettes de Jéricho ;
quel le violon monotone
de Verlaine leur fasse écho

ni mitraille ni cor de chasse,
de la musique et des chansons ;
plus d'obus, une contrebasse ;
plus de corbeaux mais des pinsons

flûte, clochette ou casseroles,
pipeau, crécelle et mirliton,
chants de marins ou barcarolles :
que les Muses donnent le ton

les flonflons de fête foraine,
l'appel du coq et du coucou
étouffent la peur et la haine
de Los Angeles à Moscou

des chansons et de la musique,
et des couples à l'unisson

pour la seule mêlée physique
qui vaille : un duel polisson

que swingue notre plaidoirie
en jazz, en rock, et caetera ;
les orgues sans la barbarie,
tsoin-tsoin et tradéridéra !

HOMMAGE

Résistants tout autant que les armes en main,
au péril de leur vie, de celle de leurs proches,
pour soustraire à l'horreur la dignité d'Humain,
quitte à désobéir à leurs élus fantoches ;

ils ont été pasteur, fonctionnaire ou marin,
elles ont été nonne, ouvrière ou bourgeoise,
parisien de la Butte ou paysan lorrain,
châtelaine en Anjou, enseignante en Vanoise ;

refusant d'approuver le diktat du vainqueur
et de leurs libertés la défaite implicite,
comme ils ouvraient leur porte, ils ont ouvert leur cœur
pour sauver de la mort une race proscrite.

Ni passifs, ni héros, mais complices jamais,
défenseurs d'un pays et de ses droits augustes,
qu'à leurs vertus toujours s'ouvrent les guillemets :

« Révérence à tous ceux que l'on nomme les JUSTES ».

POÈMES ANAGRAMMATIQUES

*Les alexandrins qui suivent comportent, dans chaque hémistiche, un couple de mots dont chacun (en **gras**) est l'anagramme de l'autre (en italique). Les majuscules correspondent à des mots générant plus de deux anagrammes.*

1 - OUTRANCE COURANTE

Aux **toniques** *questions* de **terriens**, vieux *rentiers*
d'une **taquine** *antique* à **vanité** native,
en **adieux** *idéaux*, **discuter** *crudités* !
Qu'on **suffoque** ou s'*offusque*, **éviter** la *rétive*,
aux **sourires** *surseoir* des **tocards** en *costard*,
satires qu'on *starise* en **carnets**, en *encart*.

Puis, **porteurs** de *torpeurs*, aux **portiers** *riposter*,
la **lustrine** *insulter*, **soupeser** la *prouesse*
que **supporte** un *stoppeur* **repassé** en *paresse*,
aux **greniers** *négriers* des **trépieds** *dépister*,
en **calife** *facile*, **investir** les *vitrines* :
canard, *cardan*, **cadran** ou **damier** *admiré*,
arnica, *canari*, **arsenic** en *racines*,
du **salami** *malais*, un **bélier** *libéré*,
haricots et *chariots*, **faïence** et *caféine*
pour **martien** *minaret*...
                    « **À combien** la *combine* ? »

2 - MAGIE DE L'IMAGE

Par une **muse** *émus*, qu'on nous **serve** nos *rêves*,
flâneurs **rompus**, *promus* aux **verges** sur les *grèves*,
pirates sans *patries*, des **régions** *ignorés*,
nous **grisant** de *gratins* comme **génie** de *neige*,
par l'**étrange** *gérante* ou **servis** ou *virés*,
agissant en *santiags* de **ménage** en *manège*,
de **pétard** en *départ* - le PREMIER RÉPRIMÉ -
de l'**éloge** à la *geôle*, un jour **tannés** à *Nantes*,
de **madone** *nomade* en **tsiganes** *gisantes* ;
l'autre jour **chien** en *Chine*, EMPIRE PÉRIMÉ,
de **police** en *picole* à coups de **bière** *ibère*,
de **séisme** en *messie*, de **remise** en *misère*,
galérien *algérien* - **demain**, la *médina*
ou le **manoir** *romain*, la **Santé**, le *Sénat* ! -

Lors **érudits** *réduits*, parfois **dîneurs** *diurnes*,
en **voltaire** *olivâtre*, à **shunter**, dans nos *thurnes*
les REGAINS, les *ENGRAIS* ; s'**attirer** des *retraits*
d'**arpètes** *retapés* ; à SAIGNER les *IGNARES*,
les **orgies** du *gosier* sur les **écrans** *nacrés*,
les **vantés**, les *navets*, **graciés** par nos *cigares*.

3 - VOLEURS RÉVOLUS

Le **loufiat** *filouta*, - **désastre** ! - des *estrades*
atroces, qu'*escorta* un **sarde**, roi des *rades*,
un **amateur** *marteau*, sur ses **crédits** *discret*,
qui **régale** ou *galère* en **récital** *clairet*
près de **Lourdes**, *soldeur* de **lapines** *alpines*,
délateur *adultère* aux **inertes** *rétines*.

En **agence** *encagé*, ce **loustic** à *coutils*
parle, et OBTIENT BIENTÔT sans **replis** ni *périls*
- en BOTTINE BIENTÔT ! - **faïence** et *fiancée*.

4 - OLÉ, FRÈRE LÉO FERRÉ !

La **taverne** s'*entrave* aux **orteils** des *tôliers*,
au **bruit** de leur *tribu*, d'**angélus** en *lagunes*,
entre **chaire** et *cahier*, **fuseront** leurs *fortunes*,
caduques *aqueducs* d'**oliviers** en *voiliers*.

À JACKY CHOSEROT

maire de Saint-Léonard (88)
décédé le 28 avril 2008

Jacky, c'est pas des trucs à faire
à ta famille, à tes copains :
leur mettre le cœur en jachère,
soudain leur poser un lapin.
Jacky, c'est pas des trucs à faire
à tes voisins, à tes amis :

On n'avait pas, même à demi,
refait le monde autour d'un verre ;
Dieu sait qu'on s'est évertué,
qu'on ne manquait pas de matière ;
on disait même « prolétaire »,
un mot, paraît-il, désuet
en ces années où prolifère
un libéralisme furieux...

Ah ! Oui ! Pardon ! J'ai cité Dieu,
absent de ton vocabulaire,
tout comme « enfer » et « paradis »,
toi qui n'accordais de crédit
qu'au sort des Humains sur la Terre,
toi qui n'auras jamais renié
tes idées ni tes origines,

toi qui n'auras jamais daigné
te trahir, pour une mesquine
gloriole, un prétendu zénith :
il survivait, dans ta cuisine,
un vieux fumet de soixante-huit.

Mais tu voulais te rendre utile,
seconder tes concitoyens,
aux antipodes du futile,
te coltiner leur quotidien.

Jacky, c'est pas des trucs à faire,
mais puisque tu nous as lâchés,
à présent, vois-tu, on préfère
se retirer, ne pas gâcher
le silence de ta retraite.
À tout jamais, reste niché
dans nos cœurs avec, à perpète,
un refrain de Brassens en tête,
sur les genoux, un chat couché.

MUTATION

Ah ! Pouvoir acquérir cette immobilité
qu'imperturbablement conservent les façades,
les clochers, les palais, les murs de la cité
et regarder passer, sous le ciel des arcades,
les siècles et les gens, les guerres, les saisons,
avec le regard sec et serein des grands sages.

Avoir la belle assise austère des maisons
ou le frais clair-obscur des plus secrets passages.

Être plâtre ou granit, porche, frise ou perron,
plutôt que chair mortelle et cœur impressionnable ;
être poutre ou solive, armoire ou fenestron ;

puis devenir un jour roseau, cascade ou sable ...

Vous retrouverez les textes ayant obtenu le prix de poésie Paul Fort 2008 aux pages 9, 11, 13, 14, 25, 27, 28, 29, 30, 31, 32, 34, 35, 40 et 46

Cet ouvrage a été composé par les Éditions du Petit Pavé et achevé d'imprimer par la Botellerie - 49320 Vauchrétien

Dépôt légal : Septembre 2008

ISBN : 978-2-84712-188-9